IL DIARIO DEL LAVORO CON LE OMBRE

EDIZIONE LGBTQ+

CALLIE PARKER

BENVENUTO A
SBLOCCARE LA FELICITÀ

LA TUA GUIDA ALLE ATTIVITÀ CHE MIGLIORANO IL TUO UMORE

Intraprendi un viaggio per migliorare il tuo umore quotidiano e sfruttare il potere di trasformazione della felicità. All'interno di queste pagine scoprirai le basi scientifiche di come le attività possono aumentare significativamente il tuo benessere e imparerai perché abbracciare nuove esperienze è la chiave per una vita appagante.

Cosa otterrai da questo eBook?

- Approfondimenti supportati dalla scienza
- Strategie pratiche
- Abitudini quotidiane
- Attività stimolanti
- Perseguimenti creativi e sociali
- Tecniche di consapevolezza e rilassamento
- Pianificatore personalizzabile

Pronto ad aumentare la tua felicità? Inizia il tuo viaggio ora! Scansiona il codice QR o segui il link sottostante per iscriverti alla nostra newsletter per contenuti esclusivi e inizia a costruire la tua vita gioiosa oggi stesso.

Inviami il mio e-book gratuito
Unlocking Happiness

MASSIMIZZA LA TUA ESPERIENZA DI LAVORO OMBRA CON IL COMPANION JOURNAL

Migliora il tuo viaggio attraverso "Shadow Work: LGBTQ+ Edition" con il diario associato, progettato per approfondire il tuo impegno e la tua riflessione personale.

- **Approfondire la comprensione: impegnarsi con esercizi che apportano chiarezza e profondità ai concetti discussi nel libro.**
- **Esplorazione emotiva: svelare emozioni complesse in modo sicuro e privato, favorendo una maggiore consapevolezza di sé.**
- **Monitoraggio dei progressi: documenta la tua crescita e le tue scoperte, creando una risorsa preziosa per la riflessione futura.**
- **Esercizi personalizzati: beneficia di attività adattate specificamente all'esperienza LGBTQ+, migliorandone la pertinenza e l'impatto.**

Per abbracciare pienamente e trarre vantaggio dal tuo viaggio nel lavoro ombra, abbina questo diario al libro principale. Ottieni oggi stesso la tua copia di "The Shadow Work Journal: edizione LGBTQ+: guarisci il tuo bambino interiore con attività guidate per l'amor proprio e l'empowerment" e sblocca approfondimenti più profondi sulla tua crescita personale.

Scarica GRATUITAMENTE la versione dell'audiolibro

Se ti piace ascoltare gli audiolibri mentre sei in movimento, puoi scaricare GRATUITAMENTE la versione audiolibro di questo libro (regolarmente $ 19,95) semplicemente registrandoti per una prova udibile GRATUITA di 30 giorni!

Scansiona il codice QR o fai clic sui collegamenti seguenti per iniziare

>> Per Audible US <<

>> Per Audible UK <<

>> Per Audible FR <<

>> Per DE udibile <<

>>Per CA Audible<<

>>Per AU udibile<<

Introduzione al Diario guidato per abbracciare l'identità LGBTQ e il lavoro sulle ombre

Benvenuti al giornale The Shadow Work Journal: Edizione LGBTQ+: Attività guidate per l'amore di sé e l'empowerment. Questo diario è stato progettato per accompagnare e migliorare la vostra esperienza con il Lavoro con le ombre: Edizione LGBTQ+. Mentre intraprendete il vostro viaggio alla scoperta di voi stessi, la crescita personale e l'accettazione dell'identità, questo diario vi servirà come strumento pratico e riflessivo per approfondire la comprensione e l'applicazione dei concetti esplorati nel libro principale.

In Lavoro con le ombre: LGBTQ+ Edition, esaminiamo le sfide uniche e le profonde intuizioni associate all'abbracciare la propria vera identità all'interno della comunità LGBTQ+. Questo diario è strutturato in modo da guidarvi attraverso gli esercizi e le riflessioni presentate in ogni capitolo, offrendovi uno spazio per documentare i vostri pensieri, sentimenti e crescita.

Ogni sezione di questo diario corrisponde a un capitolo del libro principale, fornendo suggerimenti e attività per aiutarvi a integrare gli insegnamenti nella vostra vita quotidiana. Attraverso una riflessione attenta, l'esplorazione dei simboli e il riconoscimento delle sincronicità, scoprirete strati più profondi della vostra psiche e costruirete un senso di sé più forte e resistente.

Durante la lettura di questo diario, prendetevi il tempo necessario per dedicarvi completamente a ogni richiesta e a ogni esercizio. Permettete a voi stessi di essere onesti e aperti, abbracciando il processo di auto-scoperta con compassione e curiosità. Questo diario è il vostro spazio personale per esplorare, riflettere e crescere.

Ricordate che questo viaggio è unicamente vostro. Utilizzate questo diario come compagno del libro principale, ma anche come testimonianza personale del vostro coraggio, della vostra resilienza e del vostro impegno a vivere in modo autentico. Insieme, il libro e il diario vi sosterranno nell'affrontare le complessità dell'identità, nel favorire l'accettazione di sé e nel coltivare una vita di vera realizzazione e gioia.

Iniziamo insieme questo viaggio di trasformazione.

Scopo del giornale

In queste pagine non troverete solo spazi bianchi in attesa di inchiostro. Questo diario si propone di svolgere molteplici funzioni nel vostro viaggio:

- Specchio dell'anima: spesso l'atto di scrivere porta alla luce emozioni e realizzazioni che si trovano al di sotto della nostra comprensione cosciente. Riflettendo sui suggerimenti guidati, scenderete in profondità nei vostri sentimenti, permettendovi di stabilire una profonda connessione con il vostro io più profondo.
- Spazio sicuro: Questo diario è una zona priva di giudizi. Il suo unico scopo è quello di fornire un ambiente confidenziale dove poter essere crudi, onesti e vulnerabili. Qui ogni emozione è valida e ogni pensiero è riconosciuto.
- Compagno di guarigione: Durante il vostro percorso, incontrerete ricordi ed emozioni, sia piacevoli che difficili. La scrittura può essere terapeutica, aiutando a elaborare i traumi del passato, a celebrare i successi e a guardare a un futuro pieno di speranza.
- Guida alla crescita: Gli spunti sono stati creati non solo per la riflessione, ma anche per la crescita personale. Vi sfideranno a confrontarvi con le vostre ombre, a celebrare la vostra identità e a visualizzare un futuro in linea con il vostro io autentico.
- Un'eredità del vostro viaggio: Con il tempo, man mano che le pagine si riempiranno, questo diario diventerà una testimonianza della vostra resilienza, evoluzione e autenticità. Sarà un racconto del vostro viaggio unico, che potrete rivisitare e anche condividere, se lo vorrete.

Ricordate che non c'è un modo giusto o sbagliato di affrontare questo diario. È la vostra storia, la vostra voce e la vostra verità. Intraprendiamo insieme questo viaggio introspettivo e speriamo che lungo il percorso possiate trovare chiarezza, forza e una comprensione più profonda del vostro splendido e unico io.

L'importanza della riflessione nel percorso LGBTQ

La riflessione, l'arte di guardare indietro per guardare avanti, occupa un posto unico nel percorso LGBTQ. Sebbene tutti, indipendentemente dalla loro identità, traggano beneficio dall'introspezione, per i membri della comunità LGBTQ questo processo presenta sfumature e stratificazioni profondamente intrecciate con le loro esperienze vissute.

- Comprendere se stessi in un contesto complesso: Crescere in un contesto LGBTQ significa spesso navigare in un mondo in cui i propri sentimenti e la propria identità potrebbero non rientrare perfettamente nelle norme della società. La riflessione aiuta a decodificare queste esperienze, a comprendere i sentimenti personali e a separare il sé dalle aspettative e dai pregiudizi della società.
- Elaborazione di traumi e trionfi: il viaggio LGBTQ può essere costellato di momenti di dolore e di gioia, di rifiuto e di accettazione, di isolamento e di comunità. Riflettendo su queste esperienze, si possono elaborare i traumi, guarire le ferite e celebrare le vittorie personali.
- Recupero delle narrazioni: L'atto di riflessione permette di recuperare le narrazioni personali. In un mondo in cui le storie LGBTQ sono spesso distorte, messe in ombra o ignorate, sedersi con le proprie esperienze e convalidarle è un potente atto di resistenza e affermazione.
- Immaginare un domani più luminoso: Riflettere non significa solo guardare al passato, ma anche visualizzare il futuro. Comprendendo dove si è stati e riconoscendo dove ci si trova, il cammino verso il futuro diventa più chiaro, pieno di speranze, sogni e aspirazioni.
- Rafforzare i legami comunitari: Condividere le riflessioni all'interno della comunità può essere un atto unificante. Ascoltare ed essere ascoltati, capire ed essere capiti: questi momenti condivisi di introspezione costruiscono un arazzo di viaggi diversi ma interconnessi.

In sostanza, la riflessione guida l'individuo LGBTQ attraverso le acque tumultuose della scoperta di sé, dell'accettazione e della difesa. Impegnandosi regolarmente in questa pratica introspettiva, si alimenta un rapporto più profondo, compassionevole e potenziante con se stessi e con la più ampia comunità LGBTQ.

Come utilizzare questo diario

Benvenuti in uno spazio creato appositamente per voi, uno spazio in cui la vostra voce, i vostri sentimenti e le vostre esperienze sono al centro dell'attenzione. Questo diario guidato è stato progettato non solo per documentare i momenti, ma anche per essere uno strumento di comprensione, guarigione e celebrazione del vostro viaggio LGBTQ unico. Ecco come sfruttarlo al meglio:

- Stabilire una routine: Sebbene sia possibile scrivere un diario ogni volta che se ne ha voglia, stabilire una routine regolare può aiutare a creare uno spazio coerente per la riflessione. Che sia quotidiana, settimanale o addirittura mensile, scegliete la cadenza che fa per voi.
- Trovare uno spazio confortevole: Cercate un luogo tranquillo e confortevole dove sentirvi al sicuro e a vostro agio. Questo spazio fisico può aiutare a creare uno spazio mentale favorevole all'introspezione.
- Siate sinceri con voi stessi: Il diario è uno spazio privato, solo per voi. Non c'è bisogno di filtrare, modificare o censurare i vostri pensieri. Abbracciate l'autenticità e lasciate fluire i vostri sentimenti.
- Impegnatevi con i suggerimenti: In questo diario troverete diversi spunti per guidare la vostra riflessione. Utilizzateli come punti di partenza, ma sentitevi liberi di deviare se un'altra strada vi attira.
- Rivedere le annotazioni passate: Man mano che procedete nel vostro percorso di scrittura del diario, prendetevi del tempo per rivedere le voci passate. Riflettere sui pensieri passati può offrire spunti di riflessione sulla vostra crescita, sui cambiamenti e sulle costanti della vostra vita.
- Aggiungete immagini se siete ispirati: Se avete voglia, aggiungete schizzi, scarabocchi o persino fotografie alle vostre annotazioni. Le immagini possono catturare emozioni e momenti come le parole non potrebbero fare.

- Praticate l'autocompassione: Alcune riflessioni potrebbero far emergere ricordi dolorosi o emozioni difficili. Siate gentili con voi stessi. Se la situazione vi sembra troppo opprimente, prendete in considerazione la possibilità di chiedere il sostegno di persone fidate o di professionisti.
- Celebrate il vostro viaggio: Ricordate che ogni commento, che sia pieno di gioia, dolore, confusione o chiarezza, è una testimonianza della vostra resilienza, della vostra crescita e del vostro viaggio unico nello spettro LGBTQ. Celebrate ogni parola, ogni emozione.

Infine, ricordate che non esiste un modo "giusto" o "sbagliato" di usare questo diario. È uno strumento fluido, in evoluzione, che si adatta alle vostre esigenze ed esperienze. Abbracciate il viaggio e lasciate che questo diario sia un compagno nel vostro percorso di comprensione, accettazione e celebrazione.

Diario guidato

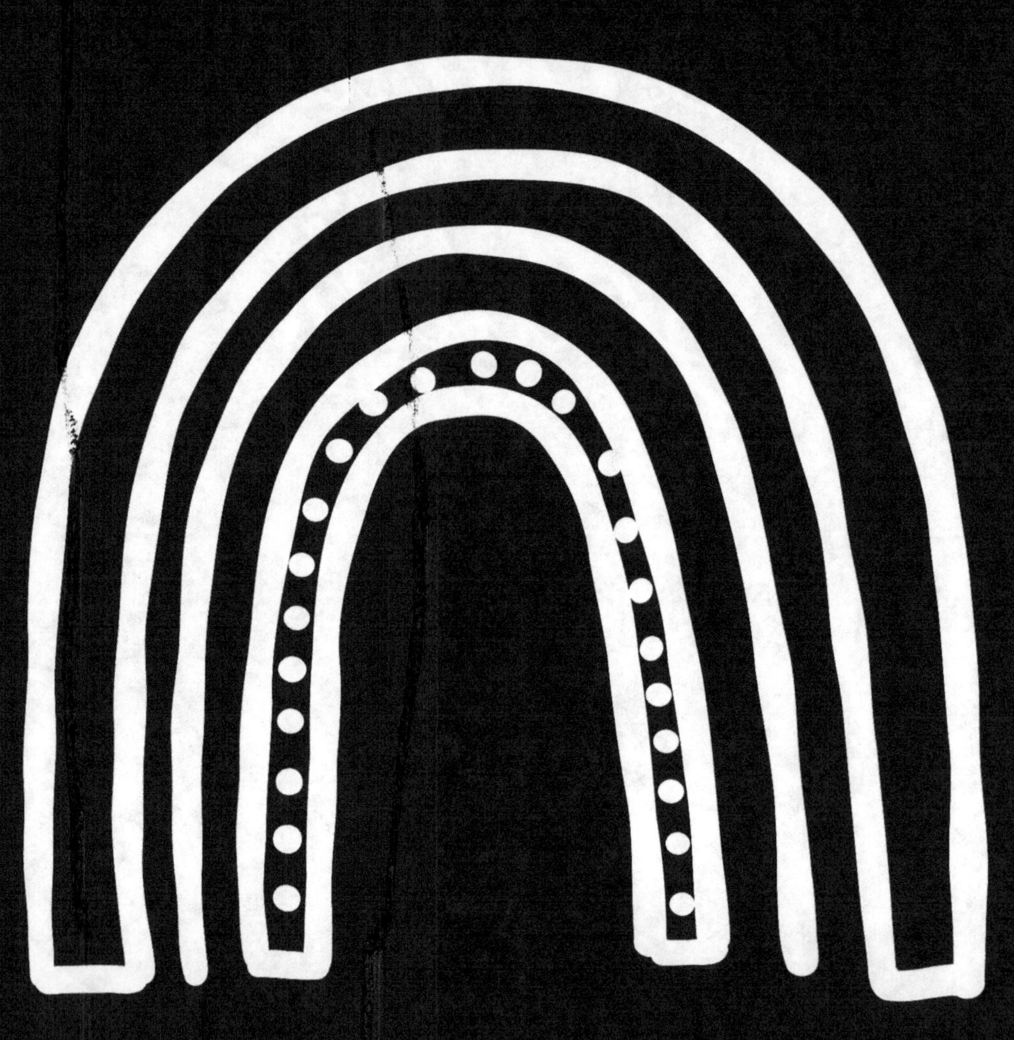

Edizione LGBTQ+ del diario del lavoro ombra guidato

Sezione 1: Scoperta e accettazione dell'identità

Registri del viaggio personale: rifletti sui momenti di realizzazione, accettazione e coming out.

Sfide e trionfi: cronaca delle sfide affrontate e di come sono state superate.

Identità e autostima: esercizi per rafforzare l'amor proprio e l'accettazione.

Sezione 2: Archetipi e Rappresentazione

Identificazione degli archetipi LGBTQ+: esplorazione di ruoli come l'avvocato, il pioniere, il guaritore, ecc.

Punti di forza e ombre: riflettete sui punti di forza e sulle potenziali insidie di ciascun archetipo.

Icone e ispirazioni: rifletti sulle figure LGBTQ+ che ti hanno ispirato o influenzato.

Sezione 3: Relazioni, proiezione e intimità

Navigare nelle relazioni: esplora le esperienze nelle relazioni, siano esse platoniche, familiari o romantiche.

Affrontare le proiezioni esterne: riconoscere i momenti di pregiudizi e proiezioni esterne.

Sentimenti interiorizzati: approfondisci i sentimenti di omofobia interiorizzata, transfobia o altri conflitti interni.

Sezione 4: Sogni e autorealizzazione

Diari dei sogni: spazi per annotare sogni ricorrenti o viaggi notturni di grande impatto.

Interpretazioni dei sogni: suggerimenti guidati per interpretare i sogni legati alle esperienze LGBTQ+.

Desideri e speranze: riflettere su aspirazioni, desideri e visioni future per se stessi.

Sezione 5: Interazioni sociali e auto-difesa

Di fronte al mondo: esplora i sentimenti quando ti interfaccia con la società in generale.

Momenti di auto-difesa: racconta i casi in cui si è difeso se stessi o gli altri nella comunità LGBTQ+.

Costruire spazi sicuri: riflettete sulla creazione o sulla ricerca di ambienti sicuri per l'espressione e la crescita.

Sezione 6: Consapevolezza e benessere mentale

Esercizi di consapevolezza quotidiana: pratiche su misura per garantire il benessere mentale.

Check-in emotivi: spazi regolari per monitorare stati emotivi e sentimenti.

Trovare l'equilibrio: riflettete su come bilanciare le sfumature dell'identità LGBTQ+ con altri aspetti della vita.

Sezione 7: Simboli, sincronicità e crescita

Simboli LGBTQ+ e loro significato: approfondisci il significato di vari simboli come la bandiera arcobaleno, il triangolo rosa, ecc.

Coincidenze con significato: annota eventuali eventi sincronici e i loro possibili significati.

Abbracciare la crescita personale: celebra le pietre miliari e il viaggio alla scoperta di te stesso.

Conclusione: celebrare lo spettro

Rifletti sulla crescita e sulle intuizioni raccolte durante il processo di inserimento nel journal.

Stabilire intenzioni e speranze per il futuro.

INTRODUZIONE LO SPETTRO DEL SÉ

Scrivi cosa ti ha portato a prendere in mano questo diario. C'è stato un episodio, un sentimento o un desiderio specifico?

Descriviti con parole tue senza usare etichette. Immergiti profondamente nella tua personalità, nelle tue aspirazioni e nei tuoi sogni.

Se la tua identità fosse un mix di colori, quali sarebbero e perché?
Sentiti libero di scarabocchiare, disegnare o semplicemente scrivere.

Ricorda e annota i casi in cui ti sei sentito particolarmente
orgoglioso della tua identità LGBTQ+.

Rifletti su un momento in cui hai affrontato una sfida legata alla tua
identità. Come ti ha fatto sentire e come lo hai superato?

"Essere te stesso in un mondo che cerca costantemente di farti diventare qualcos'altro è il risultato più grande."

Ralph Waldo Emerson

Crea una visione di cosa significa per te "Lo spettro del sé". Potrebbe essere digitale o fisico, pieno di immagini, citazioni o simboli che risuonano con la tua identità.

1

2

3

4

5

Scrivi 5 affermazioni che risuonano con la tua identità LGBTQ+. Ad esempio: "Sono valido nei miei sentimenti e nella mia identità". o "Il mio amore è bello e degno".

Lettera a te stesso più giovane

Se potessi inviare un messaggio a una versione più giovane di
te stesso, cosa diresti? Offri parole di consiglio,
incoraggiamento e amore.

Ogni giorno o settimana, annota le cose per cui sei grato
che riguardano il tuo percorso LGBTQ.

Scoprire e accettare l'identità

SCOPRIRE E ACCETTARE L'IDENTITÀ

Il viaggio personale di ogni individuo LGBTQ+ è pieno di emozioni, rivelazioni e momenti di trasformazione. Registrando queste esperienze, non solo crei una testimonianza della tua crescita, ma anche uno strumento riflessivo per capirti meglio. Le istruzioni riportate di seguito sono progettate per aiutarti a superare quei momenti cruciali del tuo viaggio.

Momento di realizzazione

Descrivi la prima volta che hai riconosciuto o messo in dubbio qualcosa sul tuo genere o sulla tua identità sessuale. Quali erano i sentimenti, i pensieri o gli eventi che circondavano questo momento?

La fase di accettazione

Rifletti sul periodo in cui hai iniziato ad accettare la tua identità LGBTQ+. Ci sono state sfide particolari o momenti illuminanti che hanno contribuito a plasmare la tua accettazione?

Cronache in uscita

Documenta il tuo percorso di coming out. Hai avuto un momento significativo di "coming out" o ce ne sono stati diversi? Da chi sei uscito per primo? Quali sono state le reazioni, sia positive che negative?

Sistemi di supporto

Scrivi delle persone o delle comunità che ti hanno supportato durante
il tuo viaggio. Come ti hanno aiutato a percorrere il tuo percorso?

Ostacoli superati

Dettaglia eventuali ostacoli o sfide che hai dovuto affrontare in
relazione alla tua identità LGBTQ+ e come sei riuscito o stai
riuscendo a superarli.

Disegna una cronologia del tuo viaggio personale dalla realizzazione ad oggi. Segna eventi, sentimenti o incontri significativi.

Mood Board delle Emozioni

Crea una moodboard che rappresenti la gamma di emozioni che hai provato durante il tuo viaggio. Usa colori, immagini, simboli e parole.

Dialogo con il dubbio

Scrivi un dialogo tra te stesso attuale e eventuali dubbi o paure che avevi o hai ancora. Consenti al tuo sé attuale di fornire conforto e chiarezza a tali preoccupazioni.

Momenti di empowerment

Documenta i casi in cui ti sei sentito autorizzato e orgoglioso di chi sei. Potrebbero essere grandi eventi o semplici momenti quotidiani.

Lezioni imparate

Quali sono le lezioni chiave che il tuo viaggio ti ha insegnato finora?

SFIDE E TRIONFI

Far parte della comunità LGBTQ+ può comportare una serie di sfide uniche. Dalle pressioni sociali alle lotte interne, è un viaggio di resilienza. Ma è anche una storia di trionfi, grandi e piccoli. Qui approfondiamo entrambi: comprendendo le sfide ma, cosa ancora più importante, celebrando le vittorie.

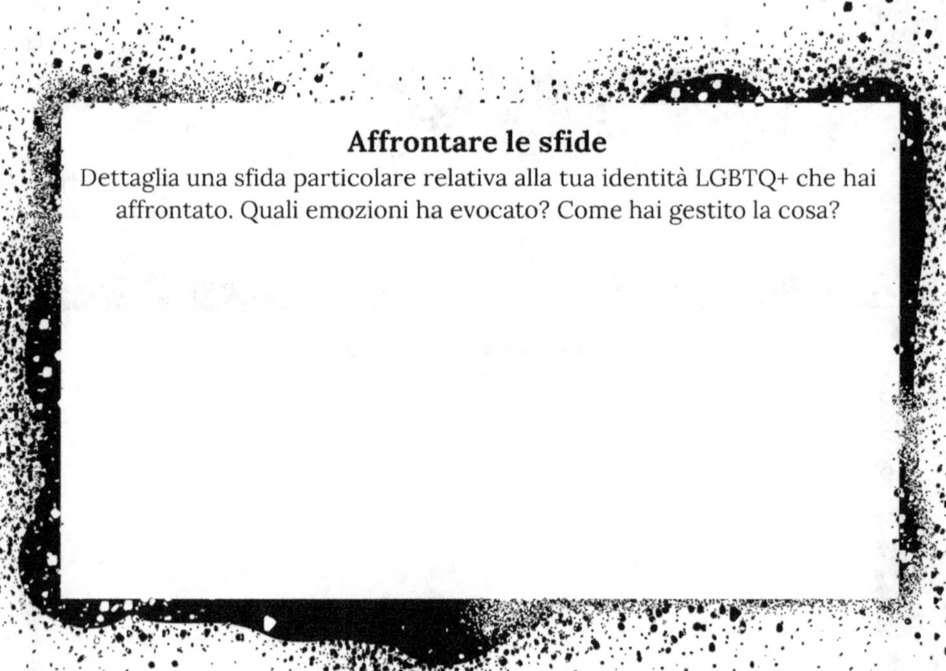

Momento di trionfo

Ricorda un momento in cui ti sei sentito particolarmente trionfante o orgoglioso della tua identità. Cosa ha reso speciale questo momento?

Imparare dalle avversità

In che modo una sfida specifica ha rimodellato la tua prospettiva o prospettiva?

Definire il successo
Che aspetto ha per te il trionfo in termini del tuo percorso LGBTQ+?

"Ti è permesso essere allo stesso tempo un capolavoro e un work in progress."

Sofia Bush

Crea un diagramma di flusso che descriva una sfida che hai affrontato, i passaggi che hai intrapreso e come alla fine l'hai superata (o prevedi di superarla).

Lettera di apprezzamento

Scrivi una lettera a te stesso evidenziando tutti i trionfi che hai ottenuto. Salvatelo e leggetelo nei momenti di dubbio.

Metriche di crescita

Guardando indietro, come misuri la tua crescita personale rispetto alle sfide affrontate?

Consigli al Sé Passato

Se potessi offrire un consiglio a te stesso più giovane riguardo a una sfida specifica, quale sarebbe?

IDENTITÀ E AUTOSTIMA

La tua identità è il nucleo di ciò che sei. In un mondo che a volte può mettere in discussione o sfidare tale identità, è fondamentale coltivare un forte senso di autostima. Attraverso questi esercizi, miriamo a rafforzare l'amore e l'accettazione che provi per te stesso.

Definire l'identità

Come definisci la tua identità al di fuori delle etichette sociali? Cosa ti rende tu?

Momenti di insicurezza

Rifletti sui momenti di dubbio legati alla tua identità. Cosa li ha innescati e come li hai superati o affrontati?

Affermazioni

Scrivi cinque affermazioni positive relative alla tua identità e autostima.

Elenca momenti o aspetti della tua identità di cui sei particolarmente fiero.

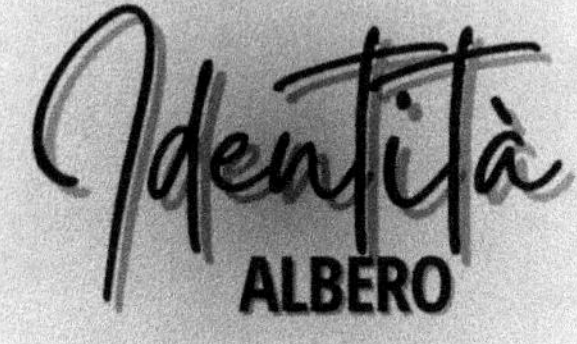

Disegna un albero in cui le radici rappresentano le tue fondamenta, il tronco le tue convinzioni fondamentali e i rami i vari aspetti della tua identità.

Specchio
PARLARE

Trascorri qualche minuto ogni giorno parlando positivamente con te stesso davanti a uno specchio, riaffermando il tuo valore e la tua identità.

COSTRUZIONI

♡ _______________________

♡ _______________________

♡ _______________________

♡ _______________________

♡ _______________________

♡ _______________________

♡ _______________________

♡ _______________________

♡ _______________________

♡ _______________________

♡ _______________________

♡ _______________________

♡ _______________________

♡ _______________________

♡ _______________________

♡ _______________________

Riconosci ed elenca le esperienze e le convinzioni che hanno costruito il tuo senso di autostima nel tempo.

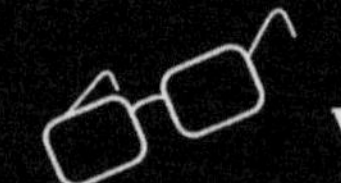

Autoriflessione

Descrivi in dettaglio come ti vedi attualmente. Ora elenca le qualità e gli attributi che ammiri di più di te stesso. Come si allineano o differiscono?

Ricordi cari

Rifletti su un momento in cui ti sei sentito veramente a tuo agio e amato nella tua pelle. Cosa ha contribuito a quella sensazione?

Superare il dubbio

Ricorda un momento in cui ti sei sentito dubbioso o insicuro riguardo alla tua identità. Cosa ti ha aiutato a superare quell'incertezza?

Specchio della gratitudine

Mettiti di fronte a uno specchio ed esprimi gratitudine per le diverse parti di te stesso, sia qualità fisiche che immateriali. Questo esercizio semplice ma potente può aumentare significativamente l'autostima.

Collage di identità

Crea un collage visivo (digitalmente o su carta) che rappresenti vari aspetti della tua identità. Usa immagini, parole, colori e qualsiasi altra cosa che risuoni con te. Posizionalo in un posto che puoi vedere ogni giorno.

Giornata della cura di sé

Dedica una giornata esclusivamente a te stessa. Impegnati in attività che ti fanno sentire coccolato, amato e apprezzato. Potrebbe essere una giornata alla spa, leggere un libro, fare una passeggiata nella natura o anche semplicemente godersi il tuo pasto preferito.

Lettera al mio sé futuro

Scrivi una lettera al te stesso del futuro, evidenziando tutte le cose che ami di chi sei adesso e dell'individuo che speri di diventare. Conservatelo e leggetelo tra un anno.

Con cautela, chiedi ad amici intimi o familiari di descriverti in cinque parole. Rifletti su queste parole e su come ti fanno sentire riguardo a te stesso. Ricorda, questo è solo un punto di vista esterno e non definisce la tua totalità.

Archetipi e rappresentazione

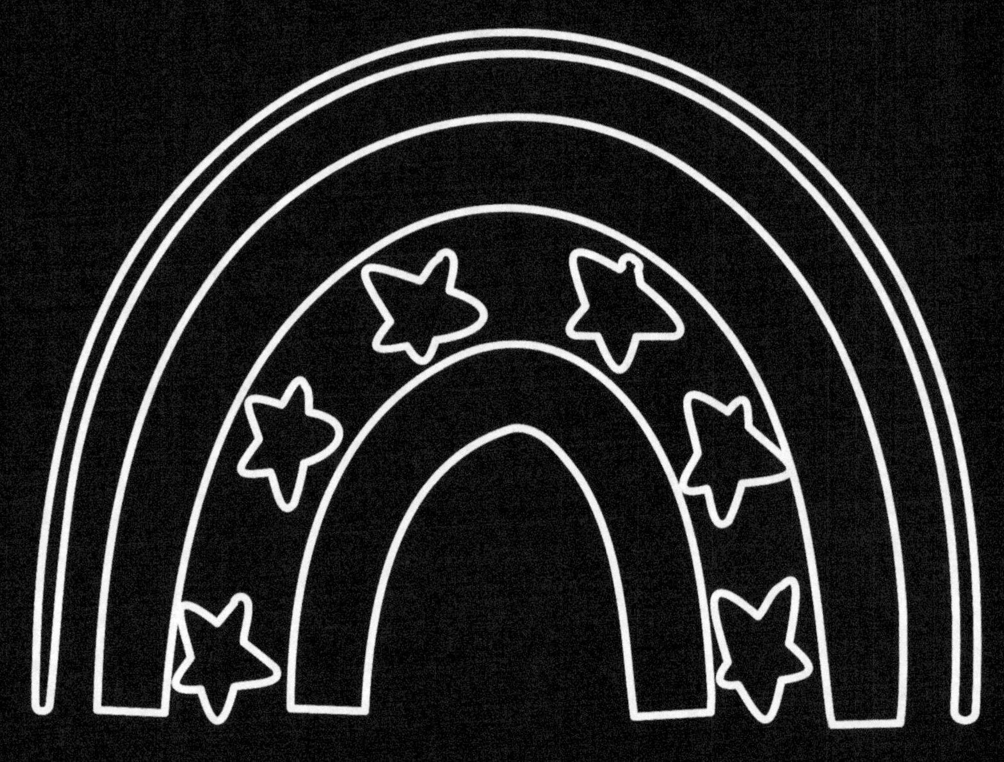

IDENTIFICAZIONE DEGLI ARCHETIPI LGBTQ+

Mentre viaggiamo attraverso la vita, spesso ci troviamo a gravitare verso ruoli o archetipi specifici che risuonano con le nostre esperienze, aspirazioni e identità. Per la comunità LGBTQ+, questi archetipi non sono solo ruoli ma rappresentazioni della forza, della resilienza, della diversità e dello spirito che hanno aperto la strada a generazioni. Questa sezione ti invita a esplorare e riflettere su alcuni archetipi specifici LGBTQ+, riconoscendone il significato e comprendendo come potrebbero collegarsi alla tua vita.

Risonanza Archetipica
Con quale degli archetipi elencati risuoni di più e perché?

Storie personali

Condividi una storia o un ricordo in cui hai sentito di incarnare uno di questi archetipi.

Aspirazioni future

Quale archetipo aspiri a diventare e quali passi puoi compiere per abbracciarne le qualità?

Figure ispiratrici

Chi nella comunità LGBTQ+ ammiri che rappresenta uno di questi archetipi? Perché?

"Ci vuole coraggio per crescere e diventare chi sei veramente."

EE Cummings

Gioco di ruolo archetipo

Scegli un archetipo che ti incuriosisce. Trascorri una giornata incarnando le qualità di questo archetipo. Diario dell'esperienza.

Per ogni archetipo, crea una moodboard (utilizzando immagini, citazioni, colori, ecc.) che ritieni rappresenti al meglio la sua essenza.

Per ogni archetipo, crea una moodboard (utilizzando immagini, citazioni, colori, ecc.) che ritieni rappresenti al meglio la sua essenza.

Per ogni archetipo, crea una moodboard (utilizzando immagini, citazioni, colori, ecc.) che ritieni rappresenti al meglio la sua essenza.

Grafico di crescita archetipico

Disegna una tabella o un grafico che rappresenti come il tuo allineamento con questi archetipi è cambiato nel tempo. Per ogni archetipo, trova o crea una citazione che ne catturi l'essenza. Rifletti su queste citazioni ogni volta che hai bisogno di motivazione.

Grafico di crescita archetipico

FORZE E OMBRE

La dualità della nostra esperienza umana significa che insieme ai punti di forza spesso arrivano anche le ombre, aree di potenziali insidie o sfide che possono derivare dalle stesse qualità che ci danno potere. Abbracciare un archetipo non significa solo sfruttare i suoi punti di forza, ma anche comprendere e superare le sue ombre. Questa sezione è dedicata all'introspezione su entrambi questi aspetti, con l'obiettivo di raggiungere una più profonda consapevolezza ed equilibrio di sé.

Punti di forza in evidenza

Per ogni archetipo con cui sei in risonanza, elenca i punti di forza che ritieni possieda. Come si manifestano questi punti di forza nella tua vita?

Ombre svelate

Approfondisci le potenziali sfide o insidie associate a ciascun archetipo. Hai sperimentato queste ombre? Come li hai gestiti?

Legge di bilanciamento

Rifletti sui momenti in cui hai sentito un conflitto tra i punti di forza e le ombre di un archetipo. Come hai gestito questo equilibrio?

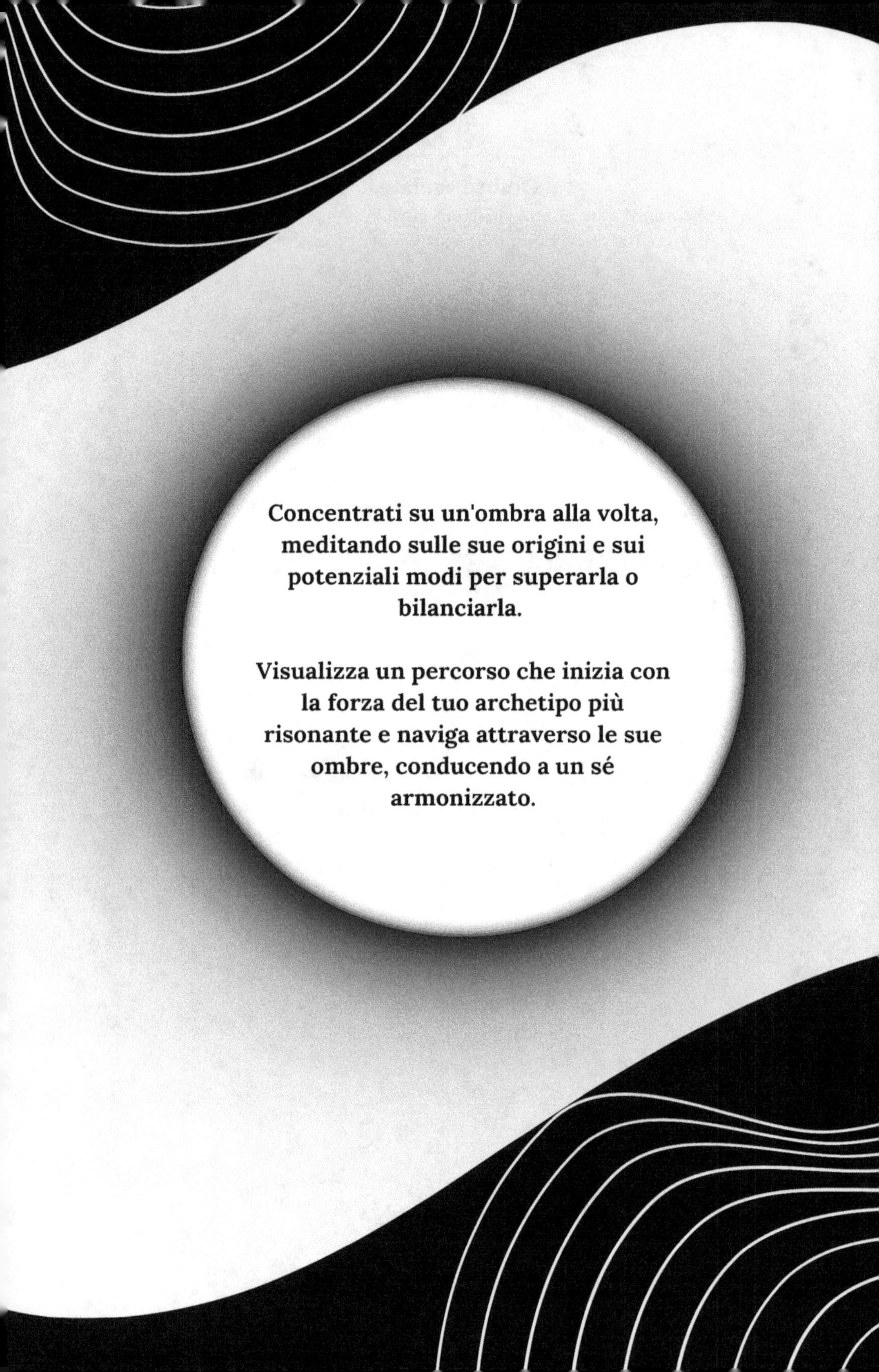

Concentrati su un'ombra alla volta, meditando sulle sue origini e sui potenziali modi per superarla o bilanciarla.

Visualizza un percorso che inizia con la forza del tuo archetipo più risonante e naviga attraverso le sue ombre, conducendo a un sé armonizzato.

Creazione di affermazioni

Scrivi affermazioni basate sui punti di forza degli archetipi scelti. Scegline uno ogni giorno e rifletti su di esso.

DIARIO DELLE FORZE E DELLE OMBRE

Dedica alcune pagine a ciascun archetipo, annotando i casi quotidiani in cui hai mostrato i suoi punti di forza o incontrato le sue ombre.

Immergersi nelle profondità delle forze e delle ombre offre una comprensione olistica di ogni archetipo e, per estensione, di noi stessi. Questa riflessione aiuta a sfruttare tutto il potenziale di ciascun archetipo, permettendoci di crescere ed evolverci nei nostri viaggi unici. Ricorda, le ombre non devono essere temute ma comprese e integrate.

ICONE E ISPIRAZIONI

Nel corso della storia e in epoca contemporanea, la comunità LGBTQ+ è stata onorata da numerose icone che hanno dato un contributo significativo alla società, lottato per i diritti e ispirato innumerevoli persone semplicemente essendo se stesse. Questa sezione è dedicata a riconoscere, celebrare e trarre ispirazione da queste figure. Riflettendo sui loro viaggi, lotte e trionfi, possiamo trovare forza, guida e comprensione nel nostro cammino.

Pionieri e pilastri
Elenca le figure LGBTQ+ che ti hanno lasciato un ricordo indelebile.
Perché risuonano con te?

Momenti di impatto

Ricorda una citazione, un discorso, una performance o qualsiasi momento significativo di un'icona LGBTQ+ che ti ha commosso profondamente. Che cosa di quel momento è stato di così grande impatto?

Percorsi paralleli

Identifica eventuali esperienze o sentimenti condivisi tra il tuo viaggio e quello di una figura LGBTQ+ che ammiri. Come ti fanno sentire questi paralleli?

Lettere di gratitudine

Scrivi una lettera a un'icona LGBTQ+ (passata o presente) esprimendo
la tua gratitudine per la sua influenza e impatto sulla tua vita.

Crea una bacheca visiva con immagini, citazioni e artefatti relativi alle figure LGBTQ+ che ti ispirano.

Connettersi con le storie di queste icone può accendere le nostre passioni, guidare le nostre decisioni e offrire conforto durante i momenti difficili. Mentre tracciamo il nostro percorso, sapere che camminiamo lungo le orme dei giganti può essere fonte di immensa forza e motivazione. Le loro vite ci ricordano che ogni individuo, indipendentemente dal suo background o identità, ha il potenziale per avere un impatto duraturo.

Relazioni, proiezione e intimità

NAVIGARE NELLE RELAZIONI

L'esperienza LGBTQ+ spesso si interseca con le complessità di varie relazioni. Dai legami stretti con l'accettazione di amici e alleati, alle acque a volte tumultuose con la famiglia, o alle gioie e ai dolori delle connessioni romantiche – ogni relazione porta con sé una serie di lezioni e intuizioni. In questa sezione esploreremo, rifletteremo e comprenderemo le sfumature di queste relazioni, favorendo la crescita e connessioni più profonde lungo il percorso.

Legami familiari

Rifletti sulle tue esperienze con la famiglia quando fai coming out o discuti della tua identità. Ci sono stati momenti di accettazione, di resistenza o forse di incomprensione?

Amicizie e alleati

Descrivi un momento in cui un amico o un alleato ti è stato accanto, ti ha offerto supporto o addirittura ti ha difeso. Come ti ha fatto sentire?

Realizzazioni romantiche

Condividi la storia di una relazione o di un incontro romantico. Cosa hai imparato su te stesso, sui tuoi desideri e sui tuoi limiti?

"Amare se stessi è l'inizio di una storia d'amore che dura tutta la vita."

Oscar Wilde

Crea una mappa visiva delle relazioni significative della tua vita. Usa simboli o colori per indicare i livelli di supporto, sfida e crescita in ogni relazione.

Lettere non inviate

Scrivi una lettera a qualcuno con cui hai avuto una relazione difficile. Esprimi i tuoi sentimenti, preoccupazioni e speranze. (Non è obbligatorio inviarlo, ma è uno strumento di riflessione.)

Per una settimana, scrivi su foglietti di carta affermazioni positive o lezioni apprese da diverse relazioni. Metteteli in un barattolo. Ogni volta che hai bisogno di una spinta, tirane fuori una.

Crea una vision board per il tipo di relazioni che desideri coltivare in futuro. Usa immagini, citazioni e simboli che risuonano con i tuoi obiettivi e desideri.

AFFRONTARE LE PROIEZIONI ESTERNE

Per le persone LGBTQ+, il mondo a volte può sembrare un palcoscenico in cui stereotipi, pregiudizi e proiezioni esterne sono al centro dell'attenzione. Queste proiezioni possono modellare le percezioni, influenzare le interazioni e, a volte, mettere alla prova l'autostima personale. In questa sezione, l'obiettivo è riconoscere queste forze esterne, elaborare i sentimenti che suscitano e rivendicare la propria narrativa.

Stereotipi proiettati

Ricorda un momento in cui qualcuno ha fatto una supposizione su di te basandosi su uno stereotipo LGBTQ+. Come ti sei sentito e come hai gestito la situazione?

Influenza dei media

Pensa a una rappresentazione LGBTQ+ nei media (TV, film, letteratura) che ti è sembrata genuina. Al contrario, pensa a uno che sembrava un semplice stereotipo. In che modo ciascuno di essi ha influenzato la tua percezione di sé?

Navigare negli spazi

Descrivi un caso in cui hai sentito il peso delle proiezioni esterne in un ambiente pubblico (ad esempio, sul posto di lavoro, a scuola, nei trasporti pubblici). Come l'hai navigato?

Conversazioni trasformative
Condividi un'esperienza in cui hai corretto la percezione errata o la proiezione di qualcuno sulla tua identità. Quale risultato?

"Non vediamo le cose come sono, le vediamo come siamo."

Anais Nin

PREGIUDIZIO VERITÀ

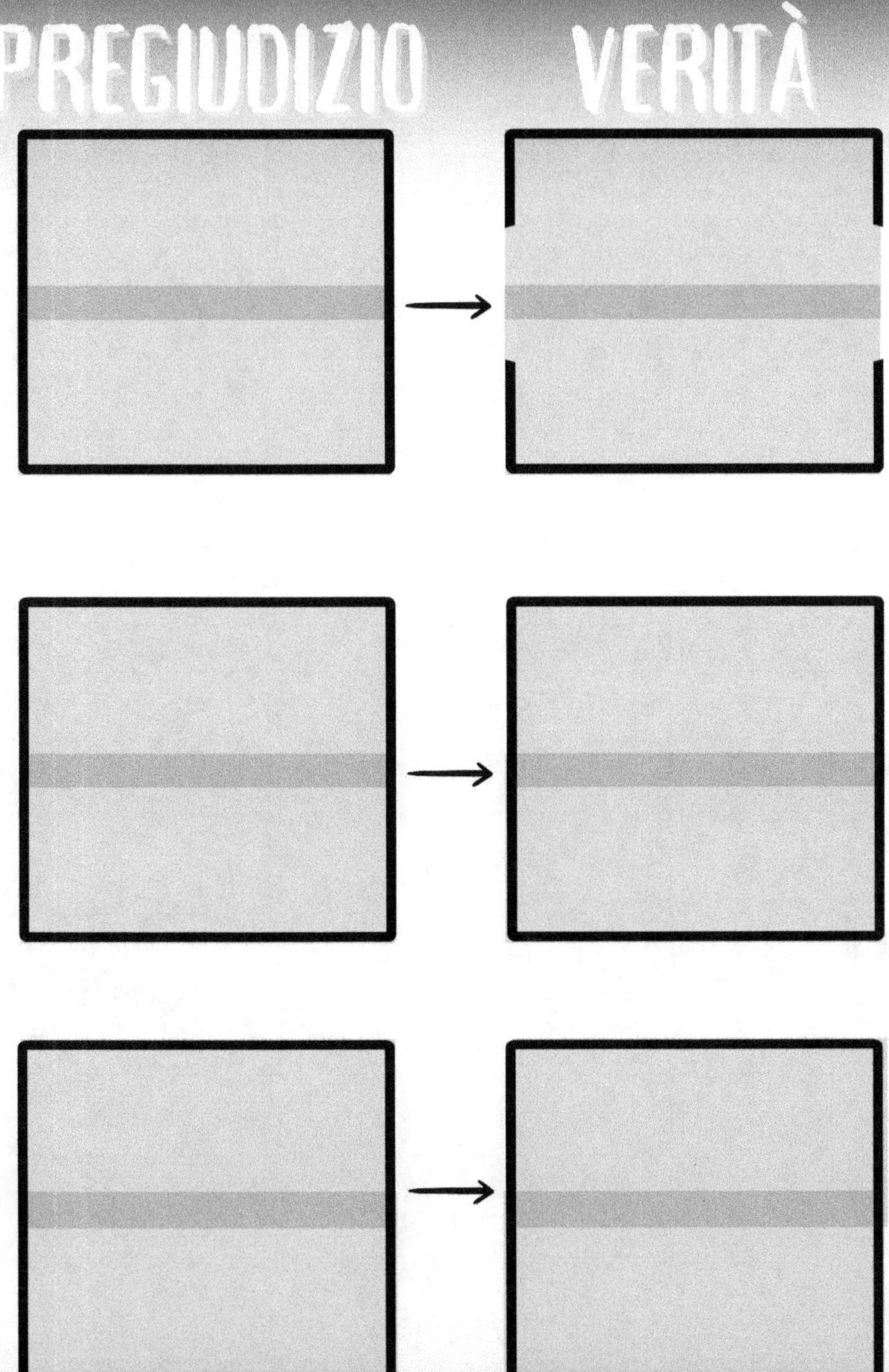

Elenca i pregiudizi o gli stereotipi comuni che hai incontrato. Accanto a ciascuno, scrivi una verità su di te o una contro-narrativa.

Crea un'opera d'arte, una poesia o un racconto che affronti i pregiudizi esterni e rivendichi la tua identità.

Crescita dalle proiezioni

Rifletti su come affrontare le proiezioni esterne ha contribuito alla tua crescita personale o ha rimodellato la tua comprensione di te stesso.

Visione per il cambiamento

Immagina un mondo senza questi pregiudizi esterni. Che aspetto ha e come puoi contribuire a crearlo?

Affrontare le proiezioni esterne può essere impegnativo, ma offre anche un'opportunità di crescita, resilienza e autoaffermazione. Affrontando questi pregiudizi e rivendicando la propria narrativa, si può costruire un senso di sé più forte e contribuire a un mondo più inclusivo.

SENTIMENTI INTERIORIZZATI

Il viaggio di un individuo LGBTQ+ spesso implica il confronto non solo con pregiudizi e proiezioni esterne, ma anche con sentimenti e convinzioni interiorizzati che derivano dal condizionamento sociale. Questi sentimenti – come l'omofobia interiorizzata, la transfobia o i pregiudizi nei confronti della propria comunità – possono essere profondamente radicati e difficili da gestire. Questa sezione mira a fornire uno spazio per riconoscere, esplorare ed elaborare questi sentimenti nel perseguimento dell'autoaccettazione e della crescita.

Radici dell'internalizzazione

Rifletti sulla prima volta che hai notato un sentimento o una convinzione negativa riguardo alla tua identità. Dove pensi che abbia avuto origine? Veniva dalla famiglia, dai colleghi, dai media o da qualche altra parte?

Conflitto e crescita

Descrivi un momento in cui i tuoi sentimenti interiorizzati sono in conflitto con il tuo vero io o i tuoi sentimenti. Come hai affrontato questo conflitto interno?

Parlare di sé

Presta attenzione al tuo dialogo interiore. Ci sono momenti in cui ti sorprendi a pensare negativamente alla tua identità? Documentali e rifletti sulle loro origini.

Conversazioni curative
Condividere un momento in cui discutere di questi sentimenti
interiorizzati con qualcun altro ha portato chiarezza o sollievo.

"Tutto ciò che ci irrita negli altri può portarci alla comprensione di noi stessi."

Carlo Jung

Lettera a se stessi

Scrivi una lettera compassionevole al tuo io più giovane, affrontando questi sentimenti interiorizzati. Offri parole di rassicurazione, saggezza e speranza.

CREDENZA NEGATIVA

AFFERMAZIONE POSITIVA

Elenca le convinzioni o i sentimenti negativi che hai interiorizzato. Per ciascuno, prova a contrastarlo con un'affermazione positiva o una verità su te stesso.

Sfidare le convinzioni interiorizzate

Pensa ai passi che hai compiuto o vorresti compiere per sfidare e superare questi sentimenti interiorizzati.

Abbracciare il viaggio

Rifletti su come affrontare queste lotte interne ti ha reso più forte o ha cambiato la tua prospettiva sull'amor proprio e sull'accettazione.

Comprendere e affrontare i sentimenti interiorizzati è fondamentale per la crescita personale e l'accettazione di sé. Affrontando questi sentimenti frontalmente, gli individui LGBTQ+ possono muoversi verso un luogo di maggiore amor proprio, compassione e comprensione. È un viaggio e ogni passo avanti è una testimonianza di resilienza e forza.

Sogni e autorealizzazione

SOGNI E AUTOREALIZZAZIONE

I sogni sono il linguaggio del nostro inconscio, un ponte tra la nostra realtà di veglia e le vaste profondità dei nostri pensieri, paure, desideri e ricordi più intimi. Per i membri della comunità LGBTQ+, i sogni possono fornire uno spazio unico per esplorare l'identità, confrontarsi con le norme sociali e immaginare un mondo libero dai giudizi esterni. Questa sezione è dedicata all'annotazione e alla riflessione sui sogni che ti parlano, siano essi ricorrenti, di grande impatto o misteriosamente significativi.

"Non si sogna, si è sognato. Noi subiamo il sogno, siamo noi gli oggetti dell'azione onirica, e non l'attore."

Carlo Jung

Registro dei sogni

Data:

Titolo o breve descrizione

Dettagli del sogno

Descrivi il sogno con tutti i dettagli che riesci a ricordare. Nota l'ambiente, i personaggi, gli oggetti, i colori e le emozioni che hai provato durante il sogno.

Potenziali fattori scatenanti

Ci sono stati eventi o esperienze del giorno prima che potrebbero aver influenzato questo sogno?

Elementi ricorrenti

Ci sono elementi in questo sogno che sono apparsi nei sogni precedenti? Se sì, annotale.

Data:

Risonanza emotiva

Come ti ha fatto sentire il sogno al risveglio? C'è stata un'emozione particolare che ti ha colpito?

Simboli e significato

Ci sono simboli, temi o motivi nel sogno che si riferiscono alla tua identità o alle tue esperienze LGBTQ+? Rifletti sul loro potenziale significato.

Desideri e paure

Il sogno ha rivelato desideri o paure nascoste? Come si relazionano alla tua vita da sveglio?

Messaggi dall'inconscio

A volte i sogni portano messaggi o intuizioni dal nostro inconscio. Pensi che ci sia un messaggio in questo sogno per te?

Interpretazioni dei sogni

Data:

I sogni possono spesso servire come riflessi dei nostri desideri, paure, sfide e trionfi più intimi. Per la comunità LGBTQ+, i sogni potrebbero comprendere temi direttamente correlati all'identità, all'accettazione, alle opinioni sociali e al percorso personale. I seguenti suggerimenti guidati mirano ad aiutarti a navigare e interpretare i sogni che risuonano con le tue esperienze LGBTQ+.

Prima di immergerti nell'interpretazione, crea un ambiente rilassante. Siediti comodamente, fai respiri profondi e ricorda il sogno nel modo più vivido possibile. È essenziale avvicinarsi all'interpretazione dei sogni con una mente e un cuore aperti.

Temi di accettazione

Il sogno implicava sentimenti o situazioni di accettazione o rifiuto? Considera i contesti. Erano auto-accettazione, sociali, familiari o relazionali?

Colori ed Emozioni

C'erano dei colori specifici che risaltavano nel tuo sogno? I colori possono spesso rappresentare le emozioni. Ad esempio, gli arcobaleni potrebbero significare orgoglio e accettazione, mentre i grigi potrebbero rappresentare sentimenti di confusione o incertezza.

Personaggi e relazioni

Chi erano i personaggi principali del sogno? Erano rappresentazioni delle tue relazioni di vita reale o figure simboliche? Che ruolo hanno avuto nella narrazione del sogno?

Sentimenti nascosti

C'erano elementi di occultamento o di rivelazione nel sogno? Ad esempio, nascondersi in un posto o fare coming out con qualcuno. Quali emozioni hanno evocato queste situazioni?

Simboli e significato

Ci sono simboli, temi o motivi nel sogno che si riferiscono alla tua identità o alle tue esperienze LGBTQ+? Rifletti sul loro potenziale significato.

Transizioni e trasformazioni

Tu o altri personaggi avete subito qualche trasformazione nel sogno? Questo potrebbe essere il simbolo della crescita personale, della transizione o dell'evoluzione dell'identità personale.

Conflitto e risoluzione

C'erano conflitti nel sogno? Come sono stati risolti? Ciò potrebbe suggerire tensioni interiori o sfide esterne che stai affrontando o hai affrontato.

Simboli di liberazione

Ci sono stati momenti o simboli di libertà, fuga o liberazione? Come ti hanno fatto sentire?

Ambienti contestuali

Considera l'ambientazione del sogno. Era un luogo familiare, un ambiente passato o un posto completamente sconosciuto? Gli ambienti possono riflettere gli stati mentali ed emotivi attuali o le esperienze passate.

Messaggi o lezioni

C'erano messaggi chiari, lezioni o consigli dati nel sogno? Chi li ha forniti e come si collegavano al tuo percorso LGBTQ+?

Ricorda, l'interpretazione dei sogni è soggettiva. Sebbene questi suggerimenti forniscano una direzione, i tuoi sentimenti, la tua intuizione e le tue esperienze personali svolgono un ruolo cruciale nel comprendere il significato del sogno. Abbraccia il viaggio di auto-esplorazione e intuizione che i sogni possono offrire.

DESIDERI E SPERANZE

Dentro ogni individuo si trova un arazzo di sogni, aspirazioni e speranze per il futuro. Per i membri della comunità LGBTQ+, questi desideri spesso si intersecano con le loro esperienze, sfide e trionfi unici. Questa sezione fornisce esercizi guidati per aiutarti a fare introspezione sulle tue aspirazioni, visualizzare un futuro ricco di possibilità e impostare un percorso verso la realizzazione dei tuoi sogni.

Esercizio di messa a terra

Inizia con alcuni momenti di respirazione profonda. Siediti in una posizione comoda, chiudi gli occhi e fai qualche respiro profondo, inspirando positività ed espirando qualsiasi stress o negatività. Visualizza uno spazio sicuro e sereno in cui i tuoi sogni prendono forma senza giudizi o confini.

Traguardi personali

Quali sono alcuni traguardi significativi che desideri raggiungere nel prossimo anno, cinque anni e dieci anni? Considera aree come la crescita personale, le relazioni, la carriera e il sostegno all'interno della comunità LGBTQ+.

Visualizzazione dei risultati

Immagina un giorno nel tuo futuro ideale. Dove sei? Con chi sei? Cosa fai? Come ti fa sentire?

Barriere e superamento delle stesse

Pensa a eventuali ostacoli o barriere percepiti che potrebbero ostacolare le tue aspirazioni. Come affrontarli o superarli? Ricorda, va bene cercare supporto o guida se necessario.

Modelli di ruolo e ispirazione

Considera le figure o gli alleati LGBTQ+ che ti ispirano. Quali qualità o risultati risuonano con te? Come puoi incorporare parte della loro saggezza o esperienza nel tuo viaggio?

Crescita personale

Rifletti sulle aree di crescita personale su cui vorresti concentrarti. Ci sono particolari abilità, qualità o aree di conoscenza che vorresti sviluppare?

Affermazioni per il futuro

Scrivi affermazioni positive che risuonano con i tuoi desideri e speranze. Ripetili ogni giorno per coltivare una mentalità positiva e piena di speranza.

Costruire connessioni

Mentre vai avanti, considera i tipi di connessioni o comunità che desideri costruire o rafforzare. Come possono supportare il tuo viaggio e i tuoi desideri?

Eredità e impatto

Rifletti sull'eredità o sull'impatto che desideri lasciare, soprattutto all'interno della comunità LGBTQ+. Come immagini di contribuire al cambiamento positivo, al sostegno e al patrocinio?

Rivisitare periodicamente questa sezione può fornire chiarezza, ispirare motivazione e garantire l'allineamento con le tue aspirazioni in evoluzione. Festeggia ogni piccolo risultato, resta autentico nel tuo viaggio e ricorda che i tuoi desideri e le tue speranze sono validi e realizzabili.

Interazioni sociali e auto-difesa

DI FRONTE AL MONDO

Vivere autenticamente in un mondo che non sempre comprende o accetta le identità LGBTQ+ può presentare una serie di sfide ed emozioni. Interfacciarsi con la società, sia nelle interazioni quotidiane che in contesti più ampi, può suscitare una gamma di sentimenti che vanno dall'orgoglio e dall'empowerment alla vulnerabilità e all'apprensione. Questa sezione fornisce uno spazio sicuro per riflettere su quelle esperienze, convalidare i tuoi sentimenti e trovare forza nel tuo viaggio unico.

Esercizio di messa a terra

Prima di immergerti nei suggerimenti, trova un posto comodo dove sederti. Chiudi gli occhi, fai qualche respiro profondo e visualizza uno scudo protettivo intorno a te, tenendo a bada la negatività e permettendo solo all'amore e alla comprensione di penetrare.

Prime impressioni

Rifletti sui momenti in cui ti sei presentato o sei stato introdotto in un nuovo contesto (un nuovo lavoro, un incontro sociale, ecc.). Quali erano i tuoi sentimenti o apprensioni, se ce ne sono stati?

Espressioni di autenticità

Ci sono momenti o luoghi specifici in cui ti senti più libero di esprimere il tuo vero sé? Ci sono aree in cui ritieni di dover nascondere o proteggere aspetti della tua identità?

Momenti di orgoglio

Racconta i casi in cui hai provato un immenso senso di orgoglio per la tua identità LGBTQ+, durante il mese del Pride, eventi di sostegno o traguardi personali.

Navigazione nelle microaggressioni

Hai riscontrato pregiudizi sottili o palesi nelle interazioni quotidiane? Come li hai gestiti e come ti hanno fatto sentire?

Alla ricerca di spazi sicuri

Rifletti sui luoghi o sulle comunità in cui ti senti più accettato e compreso. Cosa rende questi spazi sicuri e affermativi?

Educare e difendere

Pensa ai momenti in cui hai assunto il ruolo di educatore o difensore, per scelta o necessità. Quali sfide e ricompense ha portato questo?

Meccanismi di coping

Come affronti o trovi conforto durante le interazioni sociali difficili? Ci sono pratiche, comunità o risorse specifiche a cui ti rivolgi?

Immaginare un mondo più accogliente

Sogna un po'. Come apparirebbe la tua vita quotidiana in una società che comprende e celebra pienamente le identità LGBTQ+? Quali cambiamenti ti piacerebbe vedere?

È importante riconoscere e convalidare i tuoi sentimenti quando navighi nel mondo più ampio. Mentre la società continua ad evolversi, le sfide rimangono. Tuttavia, ogni riflessione ed esperienza condivisa si aggiunge alla forza collettiva e alla resilienza della comunità LGBTQ+. Rivisita questi suggerimenti ogni volta che hai bisogno di elaborare, riflettere o trovare incoraggiamento nel tuo viaggio.

MOMENTI DI AUTOTUTELA

Difendere se stessi e gli altri, soprattutto all'interno delle comunità emarginate, è un potente atto di coraggio, resilienza e amore. Questi momenti di auto-difesa non solo creano onde di cambiamento all'interno della società, ma consolidano anche il proprio impegno per l'autenticità e la giustizia. In questa sezione troverai suggerimenti pensati per aiutarti a riflettere su quei casi in cui hai preso posizione, hai detto la tua verità o hai sostenuto gli altri nella loro difesa.

Esercizio di messa a terra

Prima di immergerti in queste riflessioni, siediti comodamente, chiudi gli occhi e visualizza un momento di pura sicurezza e forza. Senti quell'energia irradiarsi da dentro di te, radicandoti nella tua verità e nel tuo scopo.

Momenti di chiarezza

Rifletti su un momento in cui ti sei sentito obbligato a parlare apertamente o a difendere te stesso o qualcun altro. Cosa ha innescato questa necessità di difendere?

Trionfi personali

Racconta una vittoria personale, non importa quanto grande o piccola, in cui hai difeso te stesso o un altro individuo LGBTQ+. Come ci si sente?

Sistemi di supporto

Pensa agli alleati o agli altri membri della comunità che ti sono stati accanto durante i momenti di sostegno. In che modo ti hanno supportato o edificato?

Superare le paure

Ci sono stati momenti in cui la paura o il dubbio hanno cercato di trattenerti dal difendere? Come hai superato quelle sensazioni?

Apprendimento continuo

Rifletti sui momenti in cui potresti aver commesso degli errori o imparato qualcosa di nuovo mentre difendevi. Come sei cresciuto da quelle esperienze?

Sostenitori ispiratori

Ci sono persone all'interno della comunità LGBTQ+ che ti ispirano nel tuo percorso di advocacy? Cosa ti risuona di loro?

Perle di saggezza

Se potessi condividere un consiglio o un incoraggiamento con qualcuno che ha appena iniziato il suo percorso di advocacy, quale sarebbe?

Visioni future

Immagina una situazione in cui vorresti sostenere il cambiamento in futuro. Come sarebbe e come lo affronteresti?

Ricorda, ogni atto di sostegno, non importa quanto piccolo, contribuisce alla più ampia lotta per l'uguaglianza, l'accettazione e la comprensione. Riflettendo sul tuo viaggio, non solo celebri la tua crescita personale, ma ispiri e autorizzi anche gli altri a prendere posizione. Tieni questa sezione a cuore e ritornaci ogni volta che hai bisogno di ricordarti della tua forza e del tuo scopo.

COSTRUIRE SPAZI SICURI

Ogni individuo merita un ambiente in cui sentirsi sicuro, accettato e libero di essere il proprio sé autentico. Gli spazi sicuri svolgono un ruolo indispensabile nel favorire la crescita personale, il benessere e la comunità. Come membri della comunità LGBTQ+, creare o cercare questi santuari può essere particolarmente cruciale. Questa sezione ti offre spunti per riflettere sulle tue esperienze con gli spazi sicuri, sia che tu li abbia coltivati per te stesso o per gli altri.

Esercizio di messa a terra

Prima di iniziare, trova un posto tranquillo, fai qualche respiro profondo e visualizza un luogo in cui ti senti completamente sicuro e in pace. Aggrappati a quell'immagine e lascia che il suo calore ti avvolga.

Alla scoperta dei porti sicuri

Pensa alla prima volta che hai trovato uno spazio sicuro in cui ti sei sentito veramente accettato e compreso. Cos'è stato e che impatto ha avuto su di te?

L'essenza della sicurezza

Quali elementi o qualità fanno sentire un luogo o un ambiente veramente sicuro per te? Elencateli.

Sicurezza nella lavorazione

Rifletti sui momenti in cui hai adottato misure per creare un ambiente sicuro per te stesso o per gli altri. Quali erano le tue motivazioni e come si sono riunite?

Spazi sicuri comuni

Hai fatto parte di gruppi, organizzazioni o incontri LGBTQ+ che sembravano santuari? Descrivi le tue esperienze e il significato di queste comunità.

Sfide e barriere

Ci sono stati momenti in cui hai cercato la sicurezza, ma ci sono state barriere sulla tua strada? Come li hai affrontati o superati?

Supporto nella creazione

Considera le persone che sono state determinanti nell'aiutarti a creare o mantenere spazi sicuri. Come hanno contribuito e cosa hai imparato da loro?

Spazi in evoluzione

Man mano che sei cresciuto e cambiato, come si sono evolute le tue esigenze o la tua definizione di spazio sicuro? Cosa cerchi adesso?

Visioni per il futuro

Immagina un mondo in cui gli spazi sicuri sono onnipresenti e tutti si sentono liberi di essere se stessi. Che aspetto ha e come puoi contribuire a renderlo realtà?

Gli spazi sicuri sono fondamentali per coltivare il benessere mentale, emotivo e spirituale. Riflettendo sul tuo rapporto con tali ambienti, onori il loro valore e ti autorizzi a continuare a difenderli per tutti. Rivisita questa sezione ogni volta che hai bisogno di riconnetterti con l'essenza della sicurezza e dell'accettazione nella tua vita.

Consapevolezza e benessere mentale

ESERCIZI DI CONSAPEVOLEZZA QUOTIDIANA

La consapevolezza è l'arte di rimanere presenti e in sintonia con le nostre emozioni, pensieri e sensazioni in ogni dato momento. Per la comunità LGBTQ+, la consapevolezza può fornire basi, soprattutto quando si affrontano emozioni ed esperienze diverse. Questi esercizi sono personalizzati per garantire il benessere mentale e aiutarti ad allinearti con il tuo sé autentico.

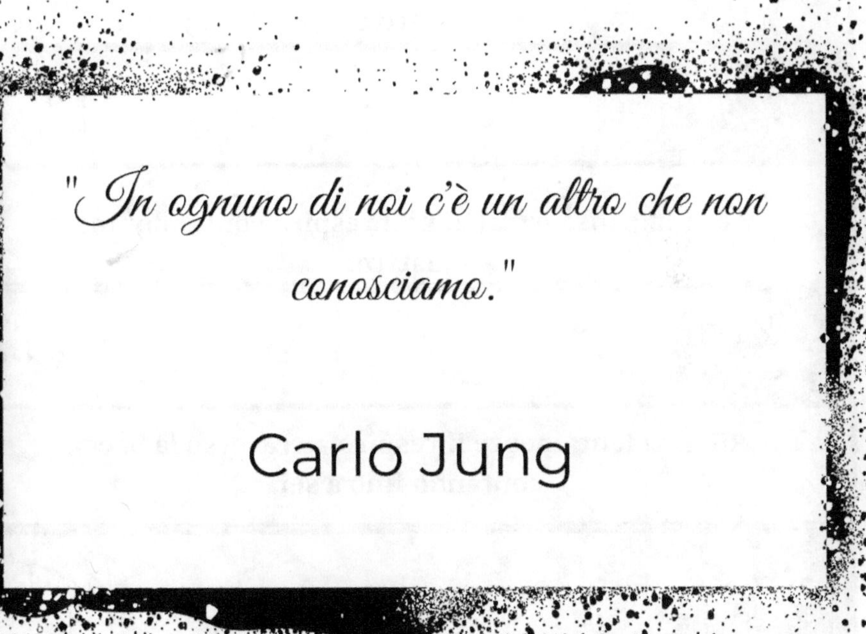

Posizione

Siediti comodamente in uno spazio tranquillo, con la colonna vertebrale dritta e le mani appoggiate sulle ginocchia.

Respirare

Inspira profondamente attraverso il naso contando fino a quattro.

Presa

Metti in pausa e trattieni il respiro contando fino a quattro.

Espira

Rilascia lentamente il respiro attraverso la bocca contando fino a sei.

Riflettere

Fai questo ciclo cinque volte. Ad ogni respiro, visualizza te stesso mentre lasci andare ogni ansia e attiri energia positiva.

Pausa

Trova un momento tranquillo durante la giornata.

Elenco

Pensa a tre cose per cui sei grato in relazione al tuo percorso LGBTQ+.

Riconoscere

Riconoscere la crescita e la comprensione che derivano da queste esperienze.

"Goditi le piccole cose, perché un giorno potresti guardare indietro e realizzare che erano grandi cose."

Roberto Brault

Quando ti senti sopraffatto:

Vedere

Guardati intorno e nomina cinque cose che puoi vedere.

Tocco

Riconosci quattro elementi che puoi toccare o sentire.

Ascoltare

Ascolta attentamente e identifica tre suoni.

Odore

Riconosci due odori intorno a te.

Gusto

Riconosci un gusto, magari bevendo un sorso d'acqua o facendo uno spuntino.

CHECK-IN EMOTIVI

I check-in emotivi fungono da punti di contatto, consentendoti di valutare e comprendere il tuo stato emotivo in momenti diversi. Questa pratica incoraggia l'autoconsapevolezza, la convalida dei sentimenti e il riconoscimento dei modelli.

Sintonizzarsi regolarmente sulle proprie emozioni aiuta a comprendere meglio se stessi, a prendere decisioni informate e a favorire una connessione profonda con il proprio sé interiore. Nel corso del tempo, questi check-in emotivi possono fungere da guida, aiutandoti a superare le sfide e le gioie della vita con resilienza e autenticità.

REGISTRO EMOTIVO QUOTIDIANO

Stato emotivo attuale
Descrivi in una parola.

Sensazioni fisiche
Qualche tensione, rilassamento o sensazione particolare nel corpo?

Pensieri di accompagnamento
Cosa hai in mente che potrebbe influenzare questa emozione?

Possibile innesco
C'è stato un evento, un commento, un'interazione o un ricordo che ha scatenato questa emozione?

Bisogni e desideri
Di cosa hai bisogno o vuoi in questo momento per supportare questa emozione o spostarla?

Affermazione
Scrivi un'affermazione positiva per te stesso. (ad esempio, "Sono valido nei miei sentimenti.")

RIFLESSIONE EMOTIVA SETTIMANALE

Emozione più ricorrente

Quale emozione è apparsa di più questa settimana?

Momento emotivo più orgoglioso

Quando ti sei sentito particolarmente orgoglioso o contento di come hai gestito una situazione emotiva?

Momento emotivo impegnativo

Quale situazione è stata emotivamente impegnativa?

Azioni di cura di sé

Elenca 3 cose che hai fatto questa settimana per prenderti cura del tuo benessere emotivo.

Intenzioni per la prossima settimana

Stabilisci 1-2 intenzioni di salute emotiva o mentale per la prossima settimana.

"*Finché non renderai cosciente l'inconscio, esso dirigerà la tua vita e lo chiamerai destino.*"

Carlo Jung

PANORAMICA EMOTIVA MENSILE

Alto emotivo
Quale giorno o evento è stato un momento culminante, emotivamente parlando, e perché?

Basso emotivo
Quale giorno o evento è stato impegnativo e cosa hai imparato da esso?

Sistema di supporto
Chi ti ha supportato emotivamente questo mese, e come?

Gratitudine
Elenca 3 momenti di crescita emotiva o personale per cui sei grato questo mese.

Guardando avanti
Un obiettivo o intenzione per il tuo benessere emotivo per il prossimo mese.

> "L'emozione è la fonte principale di ogni presa di coscienza. Senza emozione non può esserci trasformazione dell'oscurità in luce e dell'apatia in movimento."
>
> Carlo Jung

TROVARE L'EQUILIBRIO

Come individui LGBTQ+, c'è un viaggio unico nell'integrare la propria identità con vari ruoli della vita, che si tratti di un membro della famiglia, di un professionista, di un amico o di un membro della comunità. Sebbene la tua identità LGBTQ+ sia una parte significativa e intrinseca di ciò che sei, è essenziale trovare un equilibrio in cui non offuschi o minimizzi altri aspetti della tua vita. Questa sezione offre esercizi di riflessione per aiutarti a orientarti e ad armonizzare questi aspetti intrecciati.

DIAGRAMMA DI VENN PERSONALE

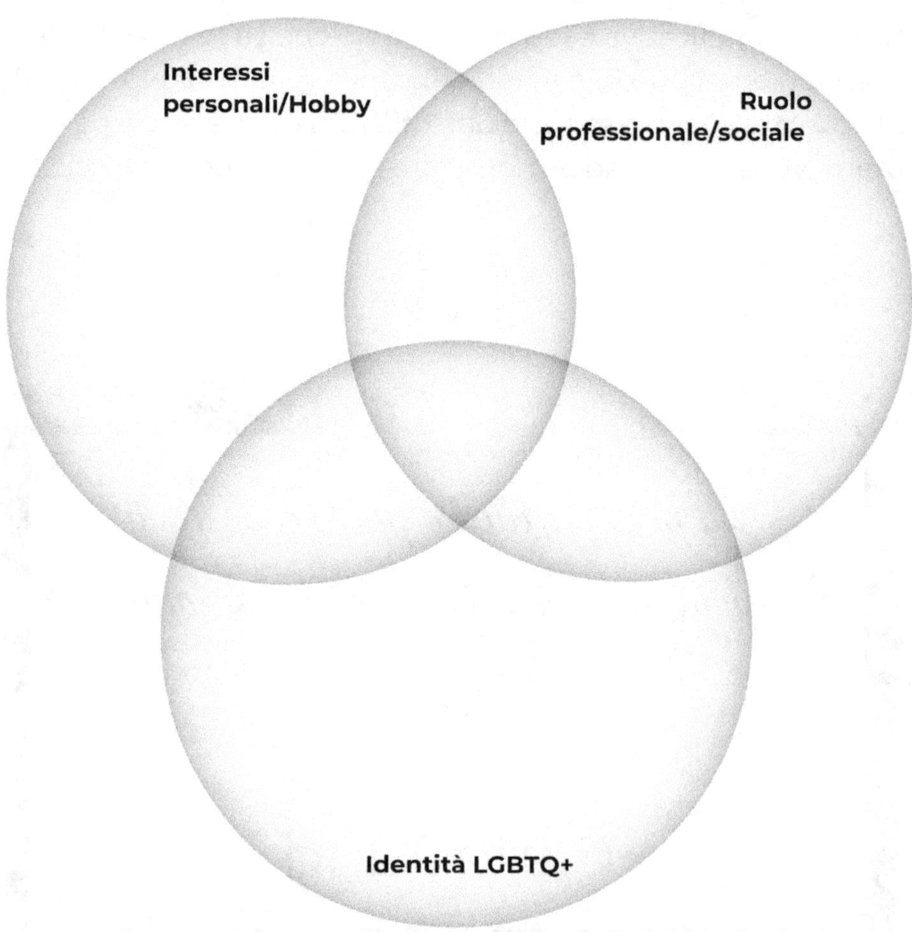

All'interno delle sezioni sovrapposte, annota esperienze o sentimenti che appartengono a più cerchi. Ad esempio, un momento in cui la tua identità LGBTQ+ e il tuo ruolo professionale si sono intersecati.

Momenti definitivi

Ricorda un caso in cui la tua identità LGBTQ+ ha influenzato in modo significativo una decisione in un altro ambito della tua vita. Come ti sei sentito? Prenderesti di nuovo la stessa decisione?

Vita quotidiana

Ogni giorno, quanto spesso pensi consapevolmente alla tua identità LGBTQ+? Come influenza le tue interazioni, decisioni e sentimenti quotidiani?

Armonia dei ruoli

Ci sono ruoli o responsabilità nella tua vita in cui ritieni di dover "attenuare" o amplificare la tua identità LGBTQ+? Come ti fa sentire questo e come lo gestisci?

Interessi personali

Pensa a un hobby o a un interesse che ti appassiona. In che modo la tua identità LGBTQ+ gioca un ruolo in questo interesse, se non lo fa?

Crescita nel tempo

Ci sono ruoli o responsabilità nella tua vita in cui ritieni di dover
"attenuare" o amplificare la tua identità LGBTQ+? Come ti fa sentire
questo e come lo gestisci?

Affermazioni per l'equilibrio

Scrivi 3-5 affermazioni che risuonano con te riguardo al bilanciamento
della tua identità LGBTQ+ con altri aspetti della vita.

Bilanciare le molteplici sfaccettature dell'identità è un viaggio
in evoluzione, con momenti di chiarezza e sfide. Questi esercizi
mirano ad aiutarti a riflettere, celebrare e talvolta ricalibrare il
modo in cui la tua identità LGBTQ+ si armonizza con altre parti
della tua vita.

Simboli, sincronicità e crescita

SIMBOLI LGBTQ+ E LORO SIGNIFICATI

I simboli sono da tempo strumenti utilizzati dalle comunità per rappresentare e riconoscere se stesse. La comunità LGBTQ+ è ricca di simboli che ne catturano la storia, le lotte e le celebrazioni. Interagire con questi simboli può offrire una connessione più profonda con la comunità e una comprensione del viaggio condiviso.

> "I simboli, per la loro stessa natura, possono unire gli opposti in modo tale che questi non divergono più o non entrano in conflitto, ma si integrano a vicenda e danno forma significativa alla vita."
>
> Jung

Bandiera
arcobaleno

Triangolo rosa

Triangolo Nero

Lambda

Disegna, stampa o incolla immagini di questi simboli LGBTQ+. Accanto a
ciascuno, annota il suo significato storico o culturale noto e qualsiasi
connessione o sentimento personale che associ ad esso.

Risonanza personale

C'è un simbolo in particolare che ti risuona profondamente? Perché senti un legame con questo simbolo?

Evoluzione del simbolo

Come hai osservato l'evoluzione o il cambiamento nel significato e nell'uso di uno qualsiasi di questi simboli nel tempo?

Creare il tuo simbolo

Se dovessi progettare un simbolo che catturi il tuo percorso personale all'interno della comunità LGBTQ+, come sarebbe? Disegnalo o descrivilo.

Simboli nella vita quotidiana

Per una settimana, presta attenzione all'uso dei simboli LGBTQ+ intorno a te, che sia nella pubblicità, durante una parata, sui social media, ecc.

Annotare:

- **Il simbolo che hai osservato.**
- **Il contesto in cui è stato visualizzato.**
- **La tua reazione iniziale e i tuoi sentimenti verso il suo utilizzo in quel particolare contesto.**

I simboli spesso servono come ancore o promemoria. Possono elevarci, motivarci e connetterci a una comunità più ampia. In questa sezione, considera come questi simboli possono essere integrati nella tua vita quotidiana come fonti di forza, orgoglio e unità.

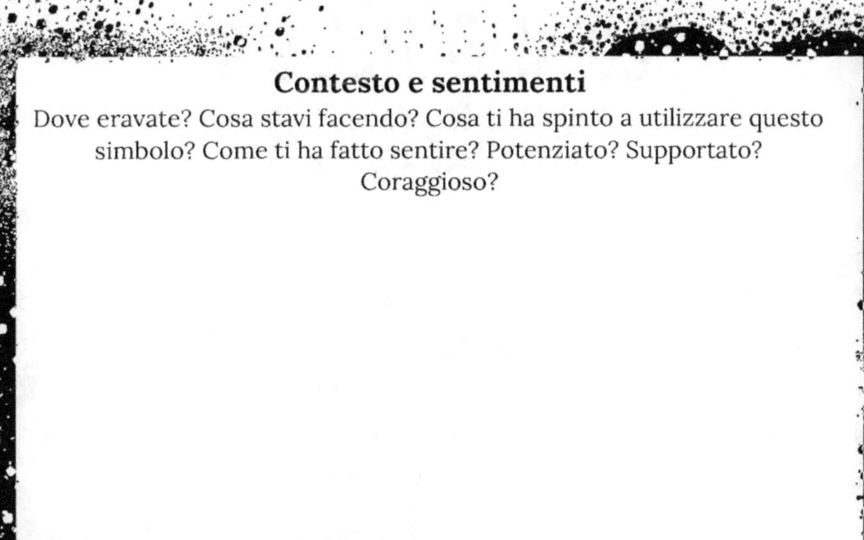

Contesto e sentimenti

Dove eravate? Cosa stavi facendo? Cosa ti ha spinto a utilizzare questo simbolo? Come ti ha fatto sentire? Potenziato? Supportato? Coraggioso?

Reazioni

Come hanno reagito gli altri alla tua visualizzazione di questo simbolo?

Pensa ai momenti della tua vita in cui hai utilizzato o visualizzato uno di questi simboli. Forse hai indossato una spilla arcobaleno o hai tatuato un simbolo sul tuo corpo.

COINCIDENZE CON SIGNIFICATO

Sincronicità, termine coniato da Carl Jung, si riferisce a coincidenze significative che sembrano avere un significato più profondo, spesso personale. Per la comunità LGBTQ+, queste coincidenze possono spesso servire come affermazioni, indicazioni o segnali dall'universo, soprattutto durante i periodi di scoperta di sé, accettazione o sostegno.

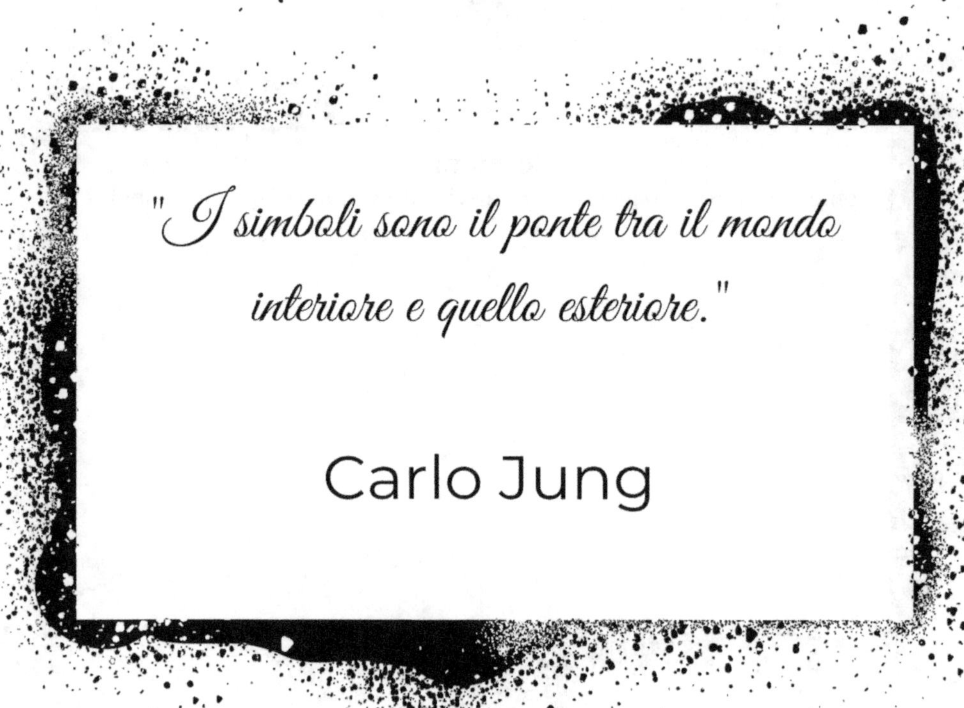

REGISTRO DELLE COINCIDENZE

Appuntamento
Quando è successo questo evento?

Descrizione
Dettaglia l'evento sincronistico.

Sentimenti
Come ti sei sentito quando è
successo?

Significato personale
Perché ritieni che questo evento sia stato qualcosa di più di un semplice evento casuale? Quale significato o connessione più profonda potrebbe avere per te?

Appuntamento:

Descrizione:

Sentimenti:

Significato personale:

Dedica uno spazio dove annotare le coincidenze significative che accadono nella tua vita.

REGISTRO DELLE COINCIDENZE

Appuntamento

Descrizione

Sentimenti

Significato personale

Appuntamento:

Descrizione:

Sentimenti:

Significato personale:

Modelli

Hai notato temi o schemi ricorrenti nelle sincronicità che hai
sperimentato?

Stato emozionale

Ci sono stati stati emotivi specifici (ad esempio, sentirsi persi, pieni di
speranza o bisognosi di guida) che hanno preceduto questi eventi
sincronici?

Messaggi

Se l'universo stesse cercando di inviarti un messaggio attraverso questi eventi, cosa pensi che potrebbe essere?

"*Il simbolo è un corpo vivo, animato dall'energia che lo attraversa.*"

Carlo Jung

RIFLESSIONE SULLE SINCRONICITÀ PASSATE

Pensa a una coincidenza significativa del tuo passato che ha avuto un impatto significativo sul tuo percorso LGBTQ+, come incontrare una persona che è diventata un mentore o imbatterti in un evento della comunità che ti ha fatto sentire "a casa".

L'evento
Descrivi questo evento sincronistico passato.

L'impatto
Come ha modellato o influenzato il tuo viaggio?

Guardando indietro
Con il senno di poi, percepisci l'evento in modo diverso ora rispetto a quando è accaduto?

ALLA RICERCA DELLA SINCRONICITÀ

La crescita personale, soprattutto nel contesto delle esperienze LGBTQ+, è un viaggio unico e spesso intenso. Ogni passo, sia esso pieno di chiarezza o di confusione, contribuisce allo spettro vibrante della propria identità. Questa sezione è dedicata al riconoscimento, alla celebrazione e alla comprensione di questi traguardi.

Per una settimana, diventa più in sintonia con i sussurri dell'universo. Ogni sera, rifletti sulla giornata e annota:

- Qualsiasi coincidenza, non importa quanto piccola.
- Il tuo stato emotivo prima che si verificassero.
- Possibili significati o messaggi che questi eventi potrebbero trasmettere.

Rifletti su come queste coincidenze significative possano essere viste come forme di supporto o guida, soprattutto durante i momenti difficili o i bivi del tuo percorso LGBTQ+. In che modo riconoscere e valorizzare queste sincronicità può rafforzare il tuo senso di connessione, direzione e speranza?

REGISTRI DELLE TAPPE FONDAMENTALI

- **Data:** quando si è verificata questa pietra miliare?

- **Descrizione:** Descrivi l'evento o la realizzazione.

- **Sentimenti:** quali emozioni hai provato?

- **Impatto:** in che modo questa pietra miliare ha modellato o influenzato il tuo viaggio?

Data:

Descrizione:

Sentimenti:

Impatto:

Uno spazio dedicato all'inserimento nel diario delle tappe significative del tuo viaggio.

Data:

Descrizione:

Sentimenti:

Impatto:

Data:

Descrizione:

Sentimenti:

Impatto:

Riflessione

Pensa a un momento cruciale nel tuo percorso LGBTQ+ che ha portato a un'immensa crescita personale. Come ci si sentiva in quel momento? Come lo percepisci adesso?

Riconoscimento

Elenca tre cose che hai imparato su te stesso durante il tuo viaggio.

Affermazione
Scrivi una lettera al te stesso del passato, offrendo parole di incoraggiamento, comprensione e speranza.

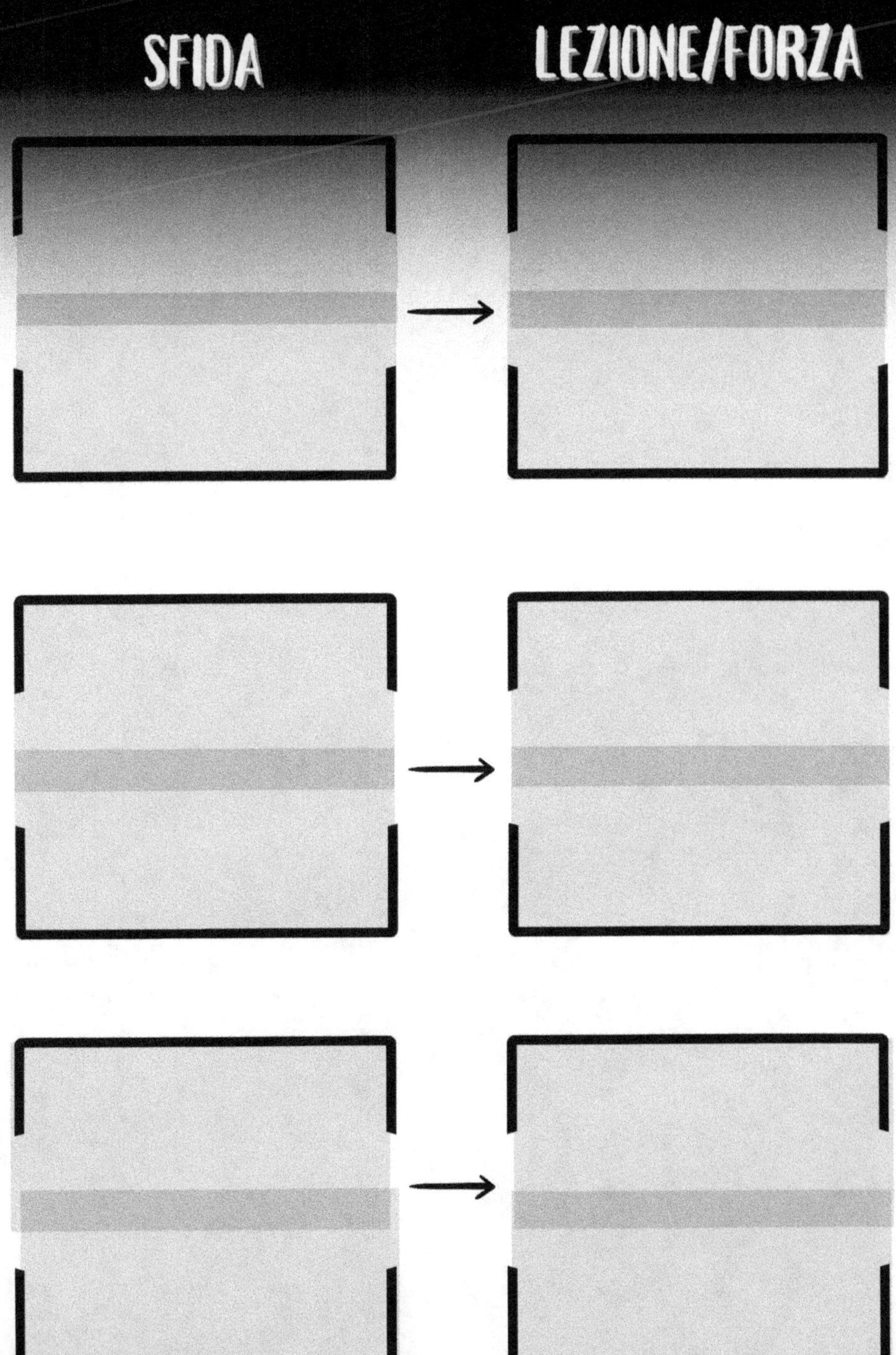

È essenziale fare una pausa ed esprimere gratitudine per il viaggio, anche per i momenti difficili, poiché hanno plasmato chi sei oggi. Elenca 5 sfide che hai affrontato. Accanto a ciascuno, annota una lezione o un punto di forza emerso da quella sfida.

Se le parole non bastano, usa colori, schizzi o qualsiasi forma d'arte
per descrivere il tuo percorso di crescita personale. Permetti alla
tua creatività di fluire e non essere vincolato dalle convenzioni.
Questa è la tua storia, nella tua tonalità unica.

Orizzonti futuri

Rifletti su dove sei adesso e dove vorresti essere in futuro. Descrivi come ti senti rispetto alla fase attuale del tuo percorso LGBTQ+. Quali sono alcune aspirazioni o obiettivi per la fase successiva del tuo viaggio?

Offri parole di incoraggiamento per te stesso in futuro.

CONCLUSIONE
<u>Celebrare lo spettro</u>

Immergendoti profondamente nelle pagine di questo diario, hai attraversato i vari paesaggi delle tue esperienze, sentimenti e riflessioni come membro della comunità LGBTQ+. L'atto stesso di scrivere nel diario è una testimonianza della tua resilienza, volontà di introspezione e determinazione nel riconoscere e apprezzare ogni aspetto della tua identità.

Riflettere sulla tua crescita significa tanto riconoscere le sfide che hai affrontato quanto celebrare i trionfi che hai ottenuto. Ogni pagina racchiude una storia, un ricordo, un'intuizione che ha contribuito a plasmare la persona che sei oggi. È essenziale guardare indietro e apprezzare i profondi cambiamenti, sia sottili che significativi, che hanno avuto luogo durante questo viaggio.

Ma questo diario non è solo un ricordo del passato; è un faro che ti guida verso un futuro ricco di potenzialità. Mentre vai avanti, considera la possibilità di definire le tue intenzioni. Quali sono le tue speranze per il futuro, sia come individuo che come parte della vivace comunità LGBTQ+? Quali passi puoi intraprendere per dare vita a queste aspirazioni?

Conserva questo diario come testimonianza del tuo viaggio. Rivisitalo ogni volta che hai bisogno di ricordarti della tua forza, della profondità delle tue esperienze e delle infinite possibilità che ti attendono. Ricorda, lo spettro della tua identità è vasto, vario e bello. Festeggiatelo ogni giorno.

per aver ricevuto questo libro e per essere arrivato fino alla fine!

Prima che tu vada, volevo chiederti un piccolo favore.
Potresti per favore considerare di pubblicare una recensione?

Perché pubblicare una recensione è il modo migliore e più semplice per sostenere il lavoro di autori indipendenti come me.

Il tuo feedback mi aiuterà moltissimo!

>>Lascia una recensione su Amazon USA<<

THE ULTIMATE SELF-HELP
NARCISSISTIC
ABUSE
RECOVERY BOOK
UNDERSTANDING WHAT NARCISSISM IS,
WHAT IT ISN'T, WHAT YOU CAN DO
ABOUT IT, AND WHAT YOU CAN'T
CALLIE PARKER

Lavoro
con le
ombre
per
adolescenti
Una guida per adolescenti e giovani adulti per
superare le sfide interiori, costruire la fiducia e
praticare l'amore per se stessi
CALLIE PARKER

Il Diario
del
lavoro
con le
ombre
per gli
adolescenti
Prompt guidati e attività per la guarigione
interiore, la costruzione della fiducia e la
pratica dell'amore per se stessi
CALLIE PARKER

CALLIE PARKER
LAVORO
NELL'OMBRA
EDIZIONE
LGBTQ+
Guida alla guarigione interiore
e all'amore per se stessi

CALLIE PARKER
IL DIARIO DEL
LAVORO
CON LE OMBRE
EDIZIONE
LGBTQ+